SECOND MEMOIRE

Servant de Réponse à differentes Requêtes employées pour Contredits & pour Salvations,

POUR les Chanoines Reguliers de la Congregation de France.

CONTRE F. Le Cœur, Religieux de Sainte Croix.

L'OBJET principal de ce Memoire est de justifier l'origine veritable de l'Ordre de Sainte Croix, telle que nous l'avons indiquée, & la nature de son Institut, par la Bulle même de 1248 que nous rapportons, inconnuë jusqu'à present au Conseil & dans le Public (1).

Pour juger si les Religieux de Sainte Croix peuvent prendre la qualité de Chanoines Reguliers de l'Ordre de Saint Augustin, & sous cette dénomination enlever à Rome les Benefices des Chanoines Reguliers, nous avons posé pour principe qu'il faut necessairement remonter à l'origine de l'Ordre de Sainte Croix, & que toute possession contraire à son Institut est abusive, même reprehensible par le ministere public.

F. Le Cœur est forcé de convenir du principe & de toutes les conséquences qui en résultent. Il convient encore de cette grande maxime, qu'on ne prescrit jamais contre ce qui est de droit public, contre son titre, contre son état, contre les loix générales & particulieres : aussi n'allegue t-il pas une simple possession isolée, au contraire il soûtient que les Religieux de Sainte Croix ne prennent la qualité de Chanoines Reguliers que parce qu'ils le sont effectivement, parce qu'ils ont été instituez tels, parce qu'ils ont été reçus dans l'Eglise pour remplir toutes les fonctions de la Clericature.

(1) Chopin dans son Monasticon, l. 1, pag. 59, en parlant de l'Ordre de Sainte Croix, dit que plusieurs font remonter l'origine de cet Ordre à S. Clet ; il rapporte encore d'autres faits de cette nature, mais il les refute dans le moment, en disant que la Bulle de 1248 qu'il a vûë dans le Bullaire manuscrit de Sainte Croix (que nous produisons) fixe l'origine de l'Ordre à cette année : *At privatus familiæ Cruciferorum codex manuscriptus, quem evolvi, orditur ab Innocentio IV, suique Instituti auspicia desumit à Pontificio ipsius diplomate 10 calend. Novembres* 1248.

C'est beaucoup que nous l'ayons fait convenir des principes ; mais il espere s'en venger sur le Fait, il prend même pour injure l'origine que nous donnons à son Ordre.

ORIGINE FABULEUSE DE L'ORDRE DE SAINTE CROIX, ADOPTÉE PAR F. LE COEUR.

C'est ignorer, dit-il, *l'antiquité, & les principaux évenemens de l'Eglise naissante, que de confondre le grand Ordre de Sainte Croix avec une infinité de Religieux Mandians qui ne trouvent leur naissance que dans le treiziéme siécle. Theodore de Celles n'est point notre Fondateur. Tout ce que nous pouvons faire de plus obligeant pour sa memoire, c'est de le reconnoître pour le restaurateur de l'Ordre dans les Pays-bas. La Bulle de* 1248 *bien loin de pouvoir être regardée comme la Bulle approbative & confirmative de l'Ordre, suppose au contraire qu'il subsistoit anciennement. Notre Ordre est trop ancien pour nous obliger de rapporter les titres de sa création. Interrogez les Manes de S. Clet troisiéme successeur de S. Pierre, & vous apprendrez que notre*

Ordre est son ouvrage, le fruit d'une inspiration toute divine qu'on vit éclore pour ainsi dire sur le tombeau des Apôtres, fruit prétieux destiné aux Pelerins qui venoient à Rome par dévotion, & qui de Rome alloient à Jerusalem. Ce sont nos premiers Peres qui furent instituez pour les recevoir dans un lieu public que S. Clet avoit fondé à cet effet. Pendant les persécutions qui commencerent sous l'Empereur Dioclétien, leurs propres maisons servoient d'hôpitaux aux Chrétiens qui n'osoient paroître. Aussitôt que le calme fût revenu, aussitôt que l'Aigle Romaine se fût humiliée devant l'Arbre de la Croix, les Chrétiens que la terreur des supplices avoit portez jusques au fonds des deserts, revinrent visiter les Lieux saints, & nos premiers Peres rentrerent dans les Hôpitaux pour les y recevoir & leur procurer tous les secours necessaires. L'aggrandissement & la reforme de notre Ordre fut une des merveilles qui parurent à la découverte de la Sainte Croix: S. Quiriace converti à la vûë de tant de miracles & préposé par Sainte Helene à la garde de ce bois sacré, entra dans notre Ordre dont il est aujourd'huy regardé comme le premier restaurateur. Tous les Moines de Saint Pacôme au nombre de 7000 embrasserent aussi l'institut & la reforme que Saint Quiriace y mit alors. Theodore de Celles l'an 1188 ou environ, ayant suivi l'Evêque de Liége & les autres Princes d'Allemagne qui se croiserent pour la Terre-sainte sous le Commandement de l'Empereur Frederic, eut occasion dans son voyage de frequenter les Religieux de Sainte Croix qu'il trouva en Syrie; il apprit d'eux de quelle maniere cet Ordre avoit été institué par S. Clet, rétabli par Sainte Helene & Saint Quiriace, & dès ce moment conçut le dessein d'embrasser le même Institut & de le porter en son pays: ainsi l'on peut bien dire que Theodore de Celles a le premier institué l'Ordre de Sainte Croix dans les Pays-bas; mais c'est faire injure à l'Ordre que de le regarder comme un nouvel Ordre, comme un Ordre particulier, l'on pourroit même dire de le comparer avec les Reformez de Sainte Geneviéve.

L'on ne croit pas que F. Le Cœur exige du Conseil ni du Public une soumission bien respectueuse à tous ces faits mysterieux: l'on croit encore moins qu'il voulût exiger reparation d'un homme de bon sens, qui les qualifieroit d'avantures fabuleuses & de contes romanesques. Lui-même, dégagé des préjugez d'un Croisier, s'il étoit interrogé serieusement, que répondroit-il? pourroit-il refuser son suffrage à la raison qui ne reçoit point par tradition toutes les fictions que souvent un faux zele ou une dangereuse simplicité ont semées parmy le peuple? Il n'ignore pas que chacun cherche à s'élever, souvent aux dépens de la verité; que dans le monde il n'est peut-être ni Ville, ni Nation, ni Empire qui n'ait voulu être redevable de son existence à quelque singularité, souvent à quelque prodige; que ceux même qui font profession de l'humilité & de la vie la plus pure, ne sont pas moins sensibles à ce trait de vanité, à ce faux point d'honneur. Oüi F. Le Cœur sçait tout cela à merveille, mais il est Religieux de Sainte Croix, & il plaide; il a interest de soûtenir que son Ordre est aussi ancien que respectable par les évenemens miraculeux qui l'ont créé, soutenu, affermi & étendu.

N'esperons donc pas de lui un langage plus sensé, au contraire plus vous le pressez plus vous l'irritez: Abandonnerai-je, dit-il, le P. Verduc mon confrere qui a transmis à la posterité tant de faits si glorieux à l'ordre de Sainte Croix? son ouvrage est un tresor, en ferai-je le sacrifice à la vaine critique de nouveaux Reformez qui ne cherchent qu'à avilir toutes les anciennes Congregations de Chanoines Réguliers? Mais de bonne foi, ce Dévolutaire prétend-il produire dans un Tribunal souverain pour juge de l'origine de son Ordre, un Religieux de l'Ordre même qui pousse la fiction jusqu'à l'extravagance? Par exemple sous quel point de vuë presentera-t'il au Conseil l'endroit du P. Verduc dans lequel cet Apologiste au milieu de ses transports annonce à tout le monde Chrétien qu'un jour l'Ordre de Sainte Croix détruira l'Empire du Grand Turc, y a t'il rien de plus extravagant que cette prophetie? C'est vrai, dira le F. Le Cœur, en la prenant à la lettre; mais au figuré, & en l'interpretant moralement elle contient un sens merveilleux; c'est-à-dire qu'un jour la bonne odeur que la vie exemplaire des Religieux de Sainte Croix répand dans le monde pénetrera jusque dans l'Empire Othoman, fléchira le cœur de cette Nation Barbare, & d'un peuple persecuteur en fera l'ami & le protecteur des Adorateurs de Jesus-Christ. Laissons au public le soin de juger de l'interprétation, souhaitons même que cette prédiction s'acomplisse un jour; mais concluons pour le present que la prophetie en elle-même dénonce d'abord l'Auteur comme un visionnaire.

Cependant c'est ce Prophête que F. Le Cœur a pris pour guide dans la recherche qu'il fait de l'origine & de la nature de son ordre.

Nous lui disons, l'Ordre de Sainte Croix n'a été approuvé & confirmé qu'en 1248. l'Epoque doit demeurer pour constante; auparavant ce n'étoit point un Ordre, mais une assemblée de pieux Solitaires qui se disposoient par leur retraite à en former un nouveau, &c. (1) Cet Ordre dans son Institution n'est point destiné aux fonctions de la Clericature, il n'en a point reçu la capacité, au contraire Theodore de Celles son Fondateur ne renonça à son Canonicat de l'Eglise de Liege & à tous les exercices de cet Etat que parce qu'il les trouvoit incompatibles avec la retraite qu'il vouloit embrasser éloigné de tout commerce avec le monde, &c. (2) "Quelle „ simplicité, répond F. Le Cœur, de s'en rapporter à l'Historien de l'Eglise „ de Liege (3), au P. Helyot, & à tous ces Auteurs qui regardent les „ Religieux de Sainte Croix dans leur Institut comme des Cœnobites? „ Consultez le P. Verduc, & vous apprendrez que Theodore de Celles „ après quelques années de retraite & de solitude tint son second Chapitre „ general en 1222 & un troisiéme l'année suivante, ausquels assisterent tous „ les Croisiers d'Italie. Vous aprendrez encore que dès l'année 1213 notre „ Bienheureux *Restaurateur* étoit sorti de sa *retraite* avec une partie de ses „ Religieux pour prêcher la Croisade dans toute la Province de Liege, „ pour encourager les peuples contre les Infideles; que lui & ses Religieux „ suivoient l'armée, & que toutes les fois que l'armée campoit, ils faisoient „ des prédications, chantoient l'office & administroient les Sacremens à „ tous les soldats afin qu'ils ne perdissent pas de si bons sentimens; la réputation de la sainteté des Religieux de Sainte Croix étoit si grande, que „ de toute part il venoit des Novices au Bienheureux Theodore, ce qui fit „ que dès l'année 1218 il fit bâtir quantité de Monasteres, qu'enfin il fut „ nommé Vice-Legat contre les Albigeois, &c.

(1) *Page 4 du premier Memoire.*

(2) *Page 3.*

(3) Barthelemy Fisen.

Il faut avoüer que le P. Verduc a été fort heureux dans son Histoire de rencontrer en son chemin des Albigeois pour les faire servir d'objet au zele & à la piété de son Heros; car perdons de vûë pour un moment ces Heretiques, c'est-à-dire, supposons que l'Eglise fût alors tranquille, supposons qu'elle n'eut point à combattre l'indocilité & la revolte d'une partie de ses propres enfans, que devenoit le bienheureux Theodore de Celles avec ses Compagnons? Il restoit sans contestation dans sa retraite & dans sa solitude, car c'est de là que le P. Verduc le fait sortir pour prêcher, pour confesser, pour encourager ses Concitoyens contre les Albigeois; n'est-ce pas là la fonction d'un bon Recolet? & par là le P. Verduc lui-même ne donne-t'il pas à penser que Theodore de Celles n'avoit renoncé au monde & à son Canonicat que pour vivre dans la retraite & dans la contemplation aux pieds de la Sainte Croix? La consequence est juste.

Voyons si F. Le Cœur sera plus heureux dans les autres points historiques du même Auteur. Vous nous traittez de Religieux Mandians parce que Jean XXII. (1) permit de faire une Quête une fois l'an dans toutes les Paroisses; „ c'est abuser de la Bulle de Jean XXII. écoutez le P. Verduc. *Com- „ me le Pape avoit destiné une grande Croisade pour le recouvrement de la Terre Sain- „ te, il avoit permis en même tems de quêter, mais c'étoit dans la vuë de rétablir les Pe- „ lerinages de Jerusalem par le moyen de la Croisade; ce qui n'eut point son effet, „ aussi les Questes en demeurerent elles là;* quoiqu'il en soit, la Bulle n'a pour „ objet que la Croisade & non pas l'Institut des Croisiers... F. Le Cœur reconnoît dans le moment le ridicule de son Historien, parce qu'en 1318 il n'y a point eu de Croisade ordonnée & que le rétablissement du Pelerinage de Jerusalem est une fable des plus impertinentes, il se rejette dans le momen sur un autre Fait aussi peu sensé que le premier: „ Au reste, dit-il, les Re- „ ligieux de Sainte Croix avoient aussi leurs pauvres, témoin le P. Verduc „ qui atteste que pour donner la passade à tant de Pelerins & pour entrete- „ nir les Hôpitaux dont les Religieux de Sainte Croix avoient l'admi- „ nistration, ils alloient eux-mêmes où envoyoient des gens fideles pour „ faire des Quêtes generales par tout le Monde à l'exemple des Apôtres.... „ On peut encore consulter la Bulle de Gregoire XV. de 1591 adressée à „ la Congregation de Sainte Croix, qui justifie ces Faits & sur tout l'ad- „ ministration des Hôpitaux.

(1) Par la Bulle de 1318. *Voyez les pages 7 & 41 du premier Memoire.*

Arrêtons en cet endroit, voici le moment de lever l'équivoque: depuis quand les Religieux de Sainte Croix des Païs bas sont-ils Hospitaliers? Où sont les preuves de cet Institut, & sur quoi peut être fondée une idée aussi nouvelle, aussi singuliere? seroit-ce dans le dessein de paroître en cette qualité plus agreables au Conseil, seroit-ce dans l'esperance d'obtenir un Jugement aussi favorable que les anciens Hospitaliers & nouveaux Chanoines de Saint Antoine? Nullement, répondra F. Le Cœur, il n'y a nulle comparaison à faire de l'un à l'autre; les Antonins étoient de vrais Hospitaliers servant les pauvres comme font aujourd'hui les Religieux de la Charité, pour nous nous étions seulement Administrateurs, chargez du soin & de la Police exterieure des Hôpitaux destinez aux Pelerins, c'est dans ce sens qu'en parle le P. Verduc; les Bulles de Pie V. & de Gregoire XV. seront garantes, si l'on veut, de ce Fait, il n'y a qu'à les lire.

Que ce soit par complaisance pour le sentiment du P. Verduc, ou dans l'esperance de triompher à l'exemple des Antonins, que F. Le Cœur veüille aujourd'hui faire regarder son Ordre comme un Ordre d'Hospitaliers, sans s'arrêter au motif de la nouveauté, le Fait est faux, qu'il soit permis

permis de le dire affirmativement. Développons l'erreur du P. Verduc, & pour cet effet distinguons entre les Religieux Croisiers d'Italie, & les Religieux Croisiers des Païs-bas dont F. Le Cœur & ceux de la Maison de Paris descendent en droite ligne. C'est dans ce moment que tout l'édifice du P. Verduc va s'écrouler, & que la veritable Origine de l'Ordre de Sainte Croix telle que nous l'avons annoncée, va percer avec plus d'éclat les nuages dont F. Le Cœur a cherché jusques à present à l'obscurcir, sentant bien que toute la difficulté dépend uniquement de ce point de Fait.

Distinction des anciens Croisiers d'Italie, et de ceux de France venus des Pays-Bas.

Le P. Helyot fait mention de trois Ordres de Religieux Croisiers ou Porte-Croix : Le premier en Italie, le second dans les Pays-bas, & le troisiéme au Royaume de Boheme ; le premier est supprimé & il avertit d'abord qu'il a été different des deux autres : tous les trois, ajoute-t'il, ont prétendu avoir S. Clet pour Patriarche & fondateur de leur Ordre, & que Saint Quiriace Evêque de Jerusalem & Martyr en a été le Restaurateur ; il rejette cette origine comme fabuleuse & se conforme en cela au Jugement qu'en ont porté le P. Papebroch, M. de Tillemont, M. Baillet & plusieurs autres Sçavans ; son opinion est suivie d'une Dissertation qui prouve d'une maniere sensible la supposition de ce Saint Quiriace. „ Ce qui est certain, ajoute-t'il, c'est qu'il y avoit en Italie un Ordre „ de Religieux Croisiers lorsqu'Alexandre III. monta sur la Chaire de Saint „ Pierre, puisque ce Pontife fuyant la persécution de l'Empereur Frideric Barberousse, trouva un azile dans plusieurs Monasteres de cet Ordre : après que l'Eglise fut en paix, il le renouvella, pour ainsi dire, „ l'an 1169, lui donna une Regle & des Constitutions : Ce même Ordre „ reçut encore de nouveaux Reglemens d'Innocent IV. étant à Lion „ & ordonna qu'ils auroient toujours une Croix à la main. Clement IV. „ établit le Monastere & l'Hôpital de Sainte Marie de Morello à Boulogne pour Chef de cet Ordre.

Le même Auteur rend compte des differens changemens arrivez dans cet Ordre par le relâchement qui força enfin Alexandre VII. de le supprimer l'an 1656, ayant perdu l'esperance d'y retablir la régularité que ces Religieux avoient si souvent abandonnée : cet Ordre fut donc supprimé tout-à-fait & tous les biens qu'ils possedoient dans l'Etat de Venise donnez par le Pape à la Republique pour s'en servir dans la Guerre qu'elle avoit alors contre les Turcs ; & presentement les RR. PP. de la Compagnie de Jesus occupent le Monastere qu'ils avoient dans la Ville de Venise.

„ Ces Religieux, continuë le même Auteur, ne s'étendoient pas „ hors l'Italie ; ils étoient divisez en cinq Provinces qui étoient celles „ de Boulogne, de Venise, de Rome, de Milan, & de Naples.... „ Leurs „ Monasteres qui n'étoient qu'au nombre de 50 lorsqu'ils furent supprimez, étoient aussi des Hôpitaux, & il y en avoit environ douze qui „ étoient en Commande..... M. Alleman (1) s'est trompé lorsqu'il dit „ que ceux d'Italie n'étoient pas Hospitaliers, mais Militaires ou Chevaliers, & qu'ils étoient habillez de noir, puisque les Bulles de cet Ordre justifient qu'ils étoient Hospitaliers & que leur habillement étoit „ bleu.

(1) *Dans son Histoire Monastique d'Irlande.*

Voila les principales circonstances de l'établissement & de la suppresſion de l'ancien Ordre de Sainte Croix en Italie : Le P. Helyot a raiſon de dire qu'il étoit bien different de celui inſtitué par Theodore de Celles aux Pays-bas, & cette difference devient encore plus ſenſible par la comparaiſon qu'il fait de l'un & de l'autre ſous deux Chapitres differens, & par tout ce qu'en ont dit les Auteurs & Hiſtoriens qui ont approfondi l'Origine de ceux cy, entr'autres Barthelemy Fiſen, le P. Dubois, Aubert Lemire, Silveſter Marule que F. Le Cœur a eu l'imprudence de citer en ſa faveur, enfin Pennotus ſi favorable aux Religieux de Sainte Croix : les termes de ce dernier ſont remarquables, *differunt autem ab Italicis Cruciferis tam habitu quàm ordine*.

Cependant le Pere Verduc en 1681 donnant l'eſſort à ſon zele pour l'Ordre de Sainte Croix des Païs-bas, & mépriſant tant d'autoritez reſpectables, s'eſt aviſé non ſeulement de confondre ces deux Ordres, mais encore d'avancer que celui d'Italie avoit été uni au ſien ſous le Gouvernement de Theodore de Celles qui dès l'année 1215 commença par faire la viſite des Croiſiers d'Italie qui ſe ſoumirent à ſon obéïſſance : Le P. Helyot rejette avec raiſon cette prétenduë union, il auroit pû ſans bleſſer la charité faire pluſieurs reflexions ſur la vanité ou ſur le faux zele de cet Hiſtorien, qui voulant élever ſon Ordre ſemble le tourner en ridicule par toutes les fictions & les fauſſetez qui ſervent de fondement à ſon Ouvrage ; mais il ſe contente de dire qu'apparemment ce P. Verduc met au nombre des Religieux de ſon Ordre tous ceux qui ont porté des Croix ſur leurs habits ou autrement, principalement ceux qui avoient pris la Croix pour le recouvrement de la Terre Sainte dans le tems des Croiſades. Cette critique pleine de modeſtie fait connoître aſſez l'excès dans lequel eſt tombé le P. Verduc, par conſequent le peu de foi qu'on doit ajoûter à tous les Faits que F. Le Cœur aujourd'hui emprunte de lui pour détruire l'origine que nous avons donnée de ſon Ordre.

Ecartons donc le P. Verduc & renvoyons-le à ſes propres Confreres pour le loüer & l'admirer tant qu'ils jugeront à propos : à la bonne heure, que toutes ſes fictions leur ſervent pour s'attacher avec plus de veneration à leur Inſtitut, & à la pratique de leur Regle ; mais qu'icy dans une conteſtation auſſi ſerieuſe dans laquelle il eſt queſtion de juſtifier autentiquement l'origine veritable de l'Ordre, on veüille faire admettre comme preuve legitime tout ce qui ſe trouve énoncé dans un Ouvrage de cette nature, c'eſt une entrepriſe à laquelle la bienſeance même s'oppoſe. F. Le cœur avoit promis de produire ce rare Hiſtorien, il a eû ſans doute des raiſons pour manquer de parole.

Quoiqu'il en ſoit il doit toujours demeurer pour conſtant que les Religieux Croiſiers d'Italie ont toujours formé un Ordre ſeparé de ceux de France & des Païs-bas ; ceux-ci ne deſcendent point des premiers ni par ſucceſſion, ni par aggrégation, on ne voit point que ce ſoit un Croiſier d'Italie qui ſoit venu apporter aux Païs-bas ſon Inſtitut & ſon habit pour y étendre ſon Ordre, & que ceux-ci puiſſent regarder comme leur Pere ; ainſi ne paroiſſant ni adoption ni filiation, les Croiſiers d'Italie n'étoient rien à ceux des Païs-bas, ils portoient à la verité l'un & l'autre le même nom mais ſans être parens ; par conſequent toutes les Bulles rapportées par F. Le Cœur, entre autres celles de Pie V. & de Gregoire

XV. qui regardent simplement les Croisiers d'Italie, ne peuvent avoir ici la moindre application.

VERITABLE ORIGINE DE L'ORDRE DE SAINTE CROIX, PROUVÉE PAR LA BULLE DE 1248.

Si ces deux Ordres ont été differens dans leur Origine, dans leur Institut, dans leurs fonctions, dans leur habit, il faut donc revenir à Theodore de Celles & le regarder avec tous les Historiens non pas comme le Restaurateur d'un ancien Ordre de Sainte Croix, mais comme le Fondateur d'un Ordre particulier sous le Titre de Sainte Croix, moulé pour ainsi dire sur celui des Freres Prêcheurs : c'est de la conformité de ces deux Ordres que dépend la Question soûmise à la décision du Conseil, & nous prouvons cette conformité par la Bulle de 1248 par laquelle l'Ordre de Sainte Croix n'a été approuvé & confirmé qu'avec les Constitutions des Freres Prêcheurs.

Ordre approuvé simplement en 1248, Ordre conforme en tout à celui des Freres Prêcheurs ! ces deux circonstances font fremir notre Devolutaire ; les consequences qui en resultent l'effrayent encore davantage : sa possession centenaire tant pour les Benefices que pour la qualité de Chanoine Regulier va lui paroître une veritable usurpation, les grands biens dont joüit aujourd'hui son Ordre ne seront plus que les fruits d'un Mandianisme pratiqué avec autant d'art que de zele, en un mot cette idée d'Ordre Canonique, d'Ordre destiné à toutes les fonctions de la Clericature s'évanoüit : Quoi, dit-il, n'aurai-je donc ramassé tant de Titres qui nous qualifie Chanoines Reguliers & qui justifient notre droit aux Benefices de l'Ordre de Saint Augustin, que pour caracteriser davantage l'usurpation ou plûtôt le dereglement de ceux de mes Confreres qui en sont les Auteurs, que pour les convaincre d'avoir profané impunément les Constitutions, les Statuts & les Ordonnances de l'Ordre ! Dans cette extrémité F. Le Cœur n'hesite point à prendre son parti ; il n'ose à la verité méconnoître la Bulle de 1248 ; mais il nie que ce soit cette Bulle qui ait donné l'existence, c'est-à-dire, qui ait admis son Ordre dans l'Eglise, qui l'ait approuvé & confirmé ; & il nie encore plus la conformité de son Ordre avec celui des Freres Prêcheurs.

I. OBJECTION.

Quelle vision, de regarder la Bulle de 1248. comme la Bulle confirmative & approbative de l'Ordre de Sainte Croix, pendant qu'elle est adressée aux bien-aimez Prieur & Peres de Sainte Croix ! Cùm dilecti filii, Prior & Fratres Sanctæ Crucis, &c. *Peut-on voir une preuve plus sensible de notre existence ? Les termes même du Decret de l'Evêque de Liege, Commissaire en cette partie, qui déclare qu'il est informé de l'Approbation de l'Ordre de Sainte Croix* per certa Indulta apostolica, *& de plus qu'il a connoissance que le Chef de l'Ordre est dans le Monastere de la ville d'Huy, ces termes ne justifient-ils pas d'une maniere sensible que notre Ordre étoit déja reconnu & approuvé dans l'Eglise ?*

REPONSE.

F. Le Cœur est surpris qu'on puisse regarder la Bulle de 1248 comme la Bulle de laquelle seule l'Ordre de Sainte Croix puisse tirer son droit & son Origine ; il sera bien plus surpris dans un moment quand il rougira lui-même d'en avoir douté un instant ; faisons le convenir auparavant d'un principe.

Pour juger de l'antiquité d'un Ordre, il faut distinguer entre l'institution ou le tems de sa naissance, & la date de son Approbation. Cette

Approbation doit être donnée par le Saint Siege, & sans cette Approbation il n'y a ni Regle, ni Religieux, ni Ordre, ni Monastere (1); ce n'est qu'une Assemblée illegitime & réprouvée par les Canons, Assemblée dans laquelle on ne peut contracter aucun engagement veritable n'étant point reconnuë dans l'Eglise. Ainsi une Congregation d'Hommes ou de Filles se sera formée dans un Diocese, sous les yeux du Prince, même avec l'Approbation de l'Ordinaire; cette Congrégation aura subsisté pendant un tems considerable, l'espace de cent ans si l'on veut; elle aura même fait les délices du Diocese dans lequel elle a pris naissance; mais on s'apperçoit à la fin qu'elle n'est point approuvée par le S. Siege, on se met en regle, on sollicite l'Approbation en Cour de Rome; si le Pape la refuse, cette Congregation peut-elle subsister, sera-t'elle reconnuë pour legitime dans l'Eglise? Si le Pape l'accorde de quel jour considerera-t-on cet Ordre pour juger de son antiquité? Sans difficulté du jour de son Approbation, du jour qu'il aura reçu une Regle & la Mission du premier Pasteur de l'Eglise; parce que sans Approbation point d'Ordre, sans Regle approuvée par l'Eglise point de Religieux. C'est sur ce Principe que tous les Canonistes donnent aux Dominicains la préséance sur les Cordeliers, quoique les Cordeliers ayent été instituez auparavant, mais parce qu'ils ne furent approuvez qu'en 1224, huit ans après que l'Ordre de Saint Dominique l'eût été (2).

Ainsi les Religieux de Sainte Croix avoient bien pris naissance avant l'année 1248, nous n'en disconvenons point, au contraire nous avons reconnu après l'Historien de l'Eglise de Liege que dès l'année 1214 Theodore de Celles avoit jetté les premiers Fondemens de l'Ordre de Sainte Croix en renonçant à son Canonicat & à tous ses Biens, nous convenons encore, si l'on veut, que ce Saint Homme de son vivant pouvoit avoir fait differens mouvemens pour obtenir l'Approbation du S. Siege, mais par quelque raison que cette Approbation n'ait pas été prononcée avant 1248, il doit toujours demeurer pour constant que la Bulle que nous rapportons est celle qui contient cette Approbation si nécessaire, sans laquelle l'Ordre de Sainte Croix ne subsisteroit point aujourd'hui.

Il y avoit donc plusieurs années que les Religieux de Sainte Croix étoient en Communauté, se disposans à recevoir l'approbation de leur nouvel Ordre, lorsqu'ils l'obtinrent du Pape Innocent IV. est-il extraordinaire que le Pape en commettant l'Evêque de Liege pour consommer cette approbation, ait employé les termes *dilecti Filii, Prior, & Fratres Sanctæ Crucis, &c.*? Quand un Ordre demande au Pape à être approuvé, il est déja formé, & il faut bien qu'il le soit pour que le Pape connoisse de quelle nature il est, quelle est sa disposition, la forme de son gouvernement tant au spirituel qu'au temporel; cet Ordre même expose le tems depuis lequel il a pris naissance, son Fondateur, son Institut, son objet particulier; il n'est donc pas surprenant que le Pape dans le moment qu'il reconnoît & qu'il approuve ces Religieux, leur en donne la qualité; en conclure que l'Ordre subsistoit auparavant, c'est une miserable équivoque: Oüi, il avoit pris naissance, mais il n'étoit point approuvé; & son existence n'est devenuë constante & irrévocable que par cette approbation; le Pape les

(1) *Voyez le P. Emanuel Roderic, quæst. Canon. & Regular. tom. 1, quæst. 1, art. 2.* *Le P. Miranda, quæst. 35, art. 4. Manualis Prælatorum Regular.* *Gloss. ad cap. unicum de Voto & voti redemp. ad verbum* Approbatis.

(2) *Voy. Chassane, in Catalogo gloriæ mundi, part. 4, consid. 69.*

les a appelez *dilecti Filii, Prior, & Fratres Sanctæ Crucis*, parce qu'il les admettoit comme troupes auxiliaires dans l'Eglise; s'il n'eût pas jugé à propos de les recevoir il les auroit traité de gens intrus & suspects. Mais que F. Le Cœur jette les yeux sur la Bulle d'Honorius III. de l'année 1216, par laquelle l'Ordre des FF. Prêcheurs est approuvé, il la trouvera conçûë dans les mêmes termes que celle de 1248. Si le raisonnement ne le touche pas, du moins que les authoritez luy imposent silence.

Il en est de même des termes du Decret de l'Evêque de Liége. Quand il dit: *Nos qui de approbatione & confirmatione Ordinis Cruciferorum Sanctæ Crucis per certa Indulta Apostolica verissimè sumus informati*, ces termes sont relatifs à la Commission d'Innocent IV. & à tous les autres titres sur lesquels le Pape avoit sans doute déclaré sa volonté à l'Evêque de Liege en luy envoyant sa commission; ce Commissaire commence par dire, qu'il a connoissance en son particulier de l'approbation du Pape, & que celle qu'il va donner n'est que déclarative de celle du Saint Siege dont il a l'honneur d'être dépositaire.

Les termes suivans ont encore moins besoin d'explication *. L'Evêque de Liége donne à entendre qu'il est instruit par la Supplique des Religieux de Sainte Croix & par tous les autres titres que le Pape luy avoit renvoyez, des commencemens de cet Ordre; c'est-à-dire, de la retraite de Theodore de Celles sur la colline de Clair-lieu, avec plusieurs personnes à qui il avoit inspiré les mêmes sentimens, & du zele avec lequel les Evêques de Liége avoient favorisé le dessein de ce saint homme en le recevant avec ses disciples dans la ville d'Huy, & en leur bâtissant un Monastere qui seroit toûjours regardé comme le Chef de l'Ordre. Voila tout ce qu'a voulu dire l'Evêque de Liége; le Conseil en lisant le Decret ne trouvera pas, comme le prétend F. Le Cœur, que l'Ordre fut approuvé auparavant, & qu'il n'étoit question que d'une demande particuliere. Mais si l'Ordre étoit déja approuvé, où sont les Bulles, où sont les titres, où sont les preuves d'une pareille approbation? Jusques à ce qu'elles soient rapportées, est-il permis de douter qu'une Bulle qui donne une Regle, des Constitutions, un habit, & une permission de posseder des fonds, ne soit une Bulle fondamentale, une Bulle d'établissement, une Bulle d'approbation, sur laquelle seule on puisse juger de la nature de l'Ordre qui la reçoit?

* *Vosque fons & tanquam caput totius Ordinis memorati in loco vestro prope Huyum, &c.*

Mais encore une fois, si l'Ordre de Sainte Croix étoit approuvé avant 1248; s'il étoit composé de Chanoines Reguliers, il subsistoit sans doute comme les autres Chanoines Reguliers, dont les uns vivoient simplement *secundùm Canonicam institutionem*, & les autres avoient la Regle de S. Augustin tirée de son Epitre 109; pourquoy demande-t-il donc en 1248 une Regle & des Constitutions? Cette question embarasse notre Devolutaire, à quel subterfuge aura-t-il recours? le voicy.

II. OBJECT.

Si les Religieux de Sainte Croix ont demandé en 1248 la Regle de Saint Augustin & des Constitutions, ils ne l'ont fait que pour obéir au Decret du quatriéme Concile de Latran tenu en 1215, qui obligeoit de prendre une des Regles approuvées dans l'Eglise, ils ne l'ont fait qu'à l'exemple de tant de Communautez de Chanoines Reguliers, entre autres S. Ruf & S. Victor, qui n'ont d'abord eu que des Constitutions particulieres sans la Regle de S. Augustin.

REPONSE.

Le Conseil ne s'attendoit pas à une pareille réponse, & personne ne se seroit imaginé que F. Le Cœur eût proposé pour solution la difficulté même qu'on luy fait, & qu'il eût cherché sa défense dans la loy même qui le condamne. Mais de la part d'un Dévolutaire rien ne surprend, ces sortes de gens sont en possession de tout risquer sans craindre les reproches; aussi n'entreprendrons-nous point d'en faire à F. Le Cœur sur la comparaison qu'il ose faire de son Ordre avec l'ancienne Maison de Saint Victor; nous pourrions même nous dispenser de répondre à son nouvel argument qui n'est fondé que sur une ignorance crasse ou du moins affectée du véritable sens du nouveau decret du quatriéme Concile general de Latran; mais ce point est trop important pour ne pas l'éclaircir.

Il ne s'agissoit en aucune façon de l'Ordre des Chanoines Reguliers dans le quatriéme Concile de Latran * qui ne regarde que les nouveaux Ordres. Dés le douziéme siecle toutes les différentes Maisons de Chanoines Réguliers qui se formoient, prenoient de droit la Régle de Saint Augustin nommément, & étoient appellez Chanoines Reguliers de l'Ordre de S. Augustin, c'est ce qui avoit été arrêté dans le II. Concile de Latran tenu en 1139 : auparavant peu de Maisons avoient cette Regle, la plus grande partie vivoit *secundùm Canonicam & Apostolicam Institutionem*, ce qui fait que l'on voit encore plusieurs anciennes Maisons nées dans le onziéme siécle qui ne font Profession que *secundùm Canonicam Institutionem*, sans parler de la Regle de S. Augustin; mais depuis le second Concile general de Latran, c'est-à-dire depuis l'année 1139, tous les Chanoines qui vouloient conserver la vie commune sortoient des Cathedrales avec leurs Prebendes, & s'engageoient de la conserver & de la pratiquer suivant la Regle de S. Augustin qui étoit déja en usage dans quelques Maisons avant le second Concile de Latran: ainsi qui embrassoit alors la vie Canonique, la vie commune, étoit de droit soumis à la Regle de S. Augustin sans être obligé de la demander ni de la recevoir.

* En 1215.

A l'égard du quatriéme Concile de Latran tenu en 1215 dont il est ici question, il n'a aucun rapport aux Chanoines Reguliers, il n'a d'application qu'aux nouveaux Ordres inconnus jusqu'alors dans l'Eglise qui se formoient sous toutes sortes de couleurs & de figures differentes, chacun avec une Regle particuliere proportionnée au zele & à l'objet de son Fondateur; ce fut cette bigarrure, cette confusion de Regles que les Peres du Concile arrêterent fort sagement, non pas en gênant la pieté des Fideles, mais en obligeant ceux qui voudroient former un nouvel Ordre, de prendre une des Regles approuvées dans l'Eglise.

Cette disposition n'étoit pas faite pour les Ordres qui avoient été approuvez avant ce Concile, aussi voyons-nous que les Carmes & les Freres Mineurs furent dispensez de cette Loi parce qu'ils representerent au Pape que leurs Ordres avoient été approuvez par le S. Siege avant ce nouveau Decret; à plus forte raison n'étoit-elle pas faite pour les differentes Maisons de Chanoines Reguliers, qui éxistoient alors; c'est donc une absurdité insigne d'insinuer que ces differentes Maisons furent obligées de demander à Rome la Regle de Saint Augustin. On a bien vû des Maisons de Chanoines Reguliers se former depuis, & prendre la Regle de Saint Augustin, mais ce n'est pas en vertu de la Loi nouvelle faite pour les nouveaux Ordres dans le quatriéme Concile de Latran, c'eſt ſeulement comme faiſant Corps de l'Ordre Canonique, comme Chanoines Reguliers, & en vertu du deuxiéme Concile general de Latran de 1139.

Suivant ces principes, dont on prevoit aiſément toutes les conſéquences, ne reconnoît-on pas dans la Bulle de 1248 tous les caracteres d'une Bulle approbative & confirmative d'un Ordre nouveau & particulier. Par cette Bulle les Religieux de Sainte Croix demandent une Regle & des Conſtitutions, ils demandent un habit, ils demandent la permiſſion de poſſeder des biens fonds : Voila en general les trois caracteres eſſentiels d'un nouvel établiſſement ; il n'y a point d'Ordre ſans Regle, point d'Ordre qui n'ait un Habit propre à ſoi, point d'Ordre qui puiſſe poſſeder des Biens fonds ſans en avoir obtenu la permiſſion. Les Religieux de Sainte Croix demandent en 1248 ces trois choſes, preuve convaincante que leur Ordre non ſeulement n'étoit point approuvé, mais encore que cet Ordre approuvé par la Bulle de 1248 ne l'a point été comme un Ordre de Chanoines Reguliers.

1°. Des Chanoines Reguliers n'ont pas beſoin de demander au Pape une Regle. Leur Regle eſt *Canonica inſtitutio*, c'eſt le genre de vie preſcrit par les Apôtres à tous les Clercs, genre de vie renouvellé par Saint Auguſtin qui a donné des Preceptes de la Vie réguliere dans pluſieurs de ſes Ouvrages que les Chanoines Reguliers obſervent aujourd'hui non pas comme Regle d'un Inſtituteur particulier, mais comme une tradition de l'ancienne vie clericale ; au lieu que tous les Ordres nouveaux qui ont la Regle de Saint Auguſtin la tiennent en quelque façon d'un Inſtituteur particulier en execution du quatriéme Concile general de Latran, à la difference des Chanoines Reguliers qui ne ſont pas tels parce qu'ils ont la Regle de Saint Auguſtin, mais qui n'ont cette Regle que parce qu'ils ſont Chanoines Reguliers.

2°. Des Chanoines Reguliers ne demandent point au Pape un habit. Ils en ont un qui n'eſt autre que celui que differens Conciles, differens Papes, differens Evêques ont fait & ordonné pour leurs Clercs. Les Clercs Seculiers ont changé les anciens habits, les Chanoines Reguliers les ont conſervez naturellement & ſans affectation ; & de-là la diverſité que l'on voit dans les differentes Maiſons de l'Ordre Canonique qui ne ſont pas en Congregation, les unes en rouges, d'autres en violet, la plûpart en blanc avec une Tunique de lin que l'on portoit autrefois juſqu'aux talons comme la portent aujourd'hui les Enfans de Chœur, reſte pretieux de la vie Canonique dans les anciennes Egliſes Cathedrales : Voila l'Habit des anciens Chanoines ; ainſi l'Habit des Chanoines Reguliers du Dioceſe de Liege étant connu en 1248 les Religieux de Sainte Croix l'auroient pris naturellement ſans demander celui d'un Ordre & d'un Inſtituteur particulier. Deuxiéme circonſtance de la Bulle de 1248.

3°. Il en eſt de même de la permiſſion de poſſeder en commun des Biens fonds : des Chanoines Reguliers ont-ils beſoin de demander cette permiſſion, puiſque la vie commune qu'ils profeſſent ne tendoit alors qu'à poſſeder tous leurs biens en commun, & non point à abandonner leurs Prebendes, encore moins à mandier ? Pourquoi donc les Religieux de Sainte Croix demanderent-ils cette Permiſſion ? Mais nous avons ob-

(1) Proposition, pages 7 & 9.

servé dans le premier Memoire (1) qu'ils la demanderent non-seulement comme un Ordre particulier qui ne peut posseder de biens qu'en vertu de cette Permission, mais encore parce qu'ils vivoient comme les Freres Prêcheurs & ne subsistoient alors que de la Quête.

Ils suivoient, comme nous avons observé, les Freres Prêcheurs dans leur genre de vie, dans la pratique de leurs Constitutions, dans tous leurs exercices ; ils ne prétendoient pas en demandant cette Permission s'éloigner de l'Institut de S. Dominique, au contraire leur Demande étoit fondée sur la même permission que S. Dominique avoit lui-même obtenu en 1216 par la Bulle d'Honorius III. approbative de son Ordre : mais ils vouloient prevenir l'inconvenient où le zele de Saint Dominique avoit jetté les Freres Prêcheurs en renonçant, comme il fit, à la possession des Biens fonds dans le premier Chapitre general qu'il tint à Boulogne l'an 1220. D'ailleurs ils sembloient autorisez sur ce que plusieurs Maisons de cet Ordre avoient toujours conservé leurs Biens fonds & leurs revenus nonobstant ce Statut ; de plus tout l'Ordre en general étoit sur le point de supprimer ce Statut comme trop préjudiciable & de reprendre la possession des Biens en commun en vertu de la Bulle d'Honorius III ; voila les raisons qui determinerent les Religieux de l'Ordre de Sainte Croix à demander la même permission ; précaution qui justifie combien leur Ordre étoit conforme à celui des Freres Prêcheurs dont ils demandoient les Constitutions, car s'ils n'eussent fait cette restriction, il ne leur auroit pas été permis de recevoir ni de posseder des Biens fonds parce que les FF. Precheurs n'en recevoient ni n'en possedoient plus alors. Voila F. Le Cœur instruit sur cet article, il ne dira plus, comme il a fait dans ses contredits (2), que la permission que les Religieux de Sainte Croix ont de posseder des fonds fait voir la difference qu'il y a entr'eux & les FF. Prêcheurs, c'est une des erreurs frequentes dans lesquelles il tombe faute d'être instruit de son Ordre, & de celui des Freres Prêcheurs qui a donné naissance au sien : il doit encore sçavoir que les Freres Prêcheurs ne furent pas longtems sans reprendre la possession des biens en commun en vertu de Bulles qui les rétablirent dans leur premier Privilege tel que celui accordé aux Religieux de Sainte Croix par la Bulle de 1248. sans cesser pour cela d'être mis au nombre des Religieux Mandians.

(2) Du 6. Decembre 1723.

A ces trois caracteres de la Bulle de 1248. ne reconnoît-on pas un Ordre nouveau qui demande à être reçu dans l'Eglise ? Demander une Regle, un Habit, & la permission de posseder des Biens fonds en commun ? Si une Bulle qui accorde ces trois choses à un Ordre, n'est pas regardée comme le titre, comme le point fixe & immuable de son existence, il n'y a plus de regle pour juger de l'Approbation d'un Ordre, son origine deviendra arbitraire, on le fera descendre de tel Prophête de tel Patriarche qu'on voudra, en disant que la Bulle même qui constituë son Etat n'est qu'une Bulle de dévotion, voila ou tendent tous les raisonnemens de F. Le Cœur, on le dit sans exageration.

III OBJECT.

Il se méfie cependant de ses idées, il craint avec raison que malgré lui le Conseil ne regarde la Bulle de 1248 comme le point fixe de l'Approbation de l'Ordre de Sainte Croix. *Mais*, dit-il, *en sommes-nous moins Chanoines Reguliers pour avoir reçû les Constitutions des FF. Prêcheurs? Qui ne sçait*

ſçait que l'Ordre de S. Dominique a été traité d'Ordre Canonique par Honorius III. & que S. Dominique lui-même avoit été Chanoine ? Qui ne ſçait que ſes Conſtitutions ſont tirées en partie de celles des Premontrez ?

REPONSE.

F. Le Cœur y penſe-t'il de propoſer un pareil argument, ne voit-il pas que l'argument retorqué contre lui-même, rend notre preuve complette ? Oui l'Ordre de Saint Dominique fut traitté d'Ordre Canonique par le Pape Honorius ; ſans conteſtation ſi cet Inſtituteur eût eu deſſein de compoſer un Ordre de Chanoines Reguliers, il le pouvoit ; le Pape lui en avoit donné toutes les qualifications, il en porta même l'habit pendant les deux premieres années de l'Approbation de ſon Ordre, & il conſerva pendant les quatre premieres la poſſeſſion en commun des Biens fonds, auſſi bien que la capacité de poſſeder des Cures & des Benefices ; mais il fit bien connoître que ſon intention n'avoit jamais été de former un Ordre de Chanoines Reguliers. Voyons donc en quel état & de quelle nature étoit l'Ordre de Saint Dominique en 1248. lorſque les Religieux de Sainte Croix reçurent ſes Conſtitutions avec l'Approbation de leur Ordre, ce fait eſt déciſif.

Dès l'année 1218. Saint Dominique avoit quitté ſon habit de Chanoine Regulier pour prendre celui que ſes Diſciples portent aujourd'hui & que les Religieux de Sainte Croix portoient lorſqu'ils furent approuvez en 1248. Cet Habit conſiſte en un Scapulaire ſur une Robe longue, le tout de laine blanche, avec une Chape & un large Capuchon de même étoffe ; de ſorte que l'Habit que portent aujourd'hui les Freres Prêcheurs n'eſt point un Habit de Chanoine Regulier, mais un Habit particulier à leur Ordre, *ſans lin**.

* Habit que tous les Auteurs qui ont travaillé aux Annales des FF. Prêcheurs diſent avoir été donné à l'Ordre par la Sainte Vierge dans une révélation qu'eut, *Reginaldus* qui entra dans l'Ordre en 1218, & de qui S. Dominique le reçut. *Nunc* PECULIARI *Habitu, qui à Matre Dei eidem Reginaldo in viſione oſtenſus fuit, ornantur.* Annal. Ord. Prædic. an. 1218.

En l'année 1220, S. Dominique dans le premier Chapitre general tenu à Boulogne renonçant à la poſſeſſion des Benefices & de tous biens, donna à connoître qu'il n'avoit point entendu former une Communauté de Chanoines Reguliers, mais un Ordre particulier de Religieux Mandians deſtiné ſimplement à prêcher la penitence.

Perſonne n'ignore que dans ce tems là Saint François & Saint Dominique eurent deſſein de ne faire qu'un même ordre des deux ; ce Fait atteſté par tous les Hiſtoriens juſtifie aſſez que l'Ordre de Saint Dominique n'étoit point un Ordre de Chanoines Reguliers.

Tel étoit donc l'Ordre des Freres Prêcheurs en 1248, lorſque celui de Sainte Croix fut approuvé & reçut ſes Conſtitutions particulieres : Ordre de Religieux Mandians, Ordre Penitent, Ordre deſtiné ſimplement à la Predication, incapable de toutes les autres fonctions de la Clericature, Ordre qui ne pouvoit poſſeder ni Cures ni Benefices, Ordre qui avoit un Habit propre à ſoi ſans lin, ſans la marque exterieure des Chanoines Reguliers, Ordre en un mot different en tout de celui des Chanoines Reguliers.

Les Religieux de Sainte Croix, comme il a deja été obſervé pluſieurs fois, on ne ſçauroit trop le repeter, avoient toujours ſuivi les Freres Prêcheurs dans leur genre de vie, dans leurs Pratiques, dans leurs Exercices, dans l'obſervance exacte de leurs Conſtitutions ſuivant leſquelles ils ſe diſpoſoient depuis la naiſſance de leur Ordre à le faire approuver ; tous les Hiſtoriens conviennent même que Theodore de Celles de ſon vivant avoit envoyé plusieurs de ses Disciples à Toulouse pour imiter en tout & étudier les Constitutions de Freres Prêcheurs.

Ainsi en 1248 les Religieux de Sainte Croix ne vivoient que d'aumônes & de charitez, le Mandianisme seul les faisoit subsister: la permission qu'ils demanderent de posseder des fonds en commun en est la preuve; s'ils ne l'avoient demandée & obtenuë, cette possession leur eût été interdite. Premiere preuve de la conformité des deux Ordres.

En 1248 les Religieux de Sainte Croix portoient le même Habit que les Freres Prêcheurs; ils en demanderent un autre par le motif que nous avons expliqué dans le premier Memoire *; cependant le Pape Innocent IV. & l'Evêque de Liege leur laisserent celui des Freres Prêcheurs. Seconde preuve de la conformité.

* *Pages 6 & 7.*

En 1248 les Religieux de Sainte Croix ne possedoient ni Cures ni Benefices parce que les Freres Prêcheurs suivant leurs Constitutions étoient incapables d'en posseder (1); cependant en recevant les Constitutions des Freres Prêcheurs ils ne firent pas la même restriction pour les Benefices qu'ils avoient faite pour l'habit; mais il n'y a pas d'apparence qu'ils eussent obtenu plûtôt l'un que l'autre; peut-on même penser qu'ils eussent pû demander à posseder des Cures & des Benefices, pendant qu'ils ne demandoient à porter un autre habit que par humilité & parce qu'ils n'étoient point destinez par leur état à annoncer la parole de Dieu. Troisiéme preuve de la même conformité.

(1) *Constitutions des FF. Prêcheurs, dist. 1. ch. 1.*

Enfin en 1248 les Religieux de Sainte Croix avoient le même Office que les Freres Prêcheurs, mêmes Exercices, même Breviaire: La Bulle en fait mention, *Utendi de divinis Officiis & Institutionibus præmissis.* Quatriéme preuve de la conformité.

La seule difference que les Religieux de Sainte Croix y mirent eux-mêmes, fut de retrancher des Constitutions des FF. Prêcheurs les Chapitres de l'Etude & de la Predication; c'est un Fait qui se verifie par la Bulle même de 1248, qui énonce tous les Chapitres des Constitutions de l'Ordre de Saint Dominique adoptez par l'Ordre de Sainte Croix (2).

(2) *Page 5 du premier Memoire.*

F. Le Cœur n'avoit pas fait toutes ces observations sur la Bulle de 1248, lorsqu'il s'est jetté dans des définitions & des observations générales sur le titre & sur les fonctions d'un Chanoine Regulier; s'il étoit question de faire icy une dissertation sur l'état des Chanoines Reguliers, sur les differens caracteres qui distinguent leur état & leurs personnes, il seroit aisé de prouver que la dissertation de F. Le Cœur n'est pas juste.

Cependant en la supposant juste & conforme aux principes, à quoi servent tous ses discours vagues, tous ses lieux communs, toutes ses observations, quand on le raproche luy & son Ordre de la Bulle de 1248? bulle qui a tous les caracteres d'une bulle approbative, & à laquelle l'Ordre de Sainte Croix doit son existence: bulle qui a admis dans l'Eglise un Ordre nouveau & conforme en tout à celuy des FF. Prêcheurs: bulle qui a toûjours eu son execution, puisque les Religieux de Sainte Croix ont toûjours porté le même habit que les FF. Prêcheurs jusque dans les dernieres années du 17 siécle, puisqu'ils ont encore le même Breviaire & le même Office, puisqu'ils ont eux-mêmes reconnu cette conformité en 1641; en un mot puisque dans tous les tems où l'esprit de l'Ordre regnoit

La Bulle de 1248 toujours executée dans l'Ordre de Ste Croix.

encore, les Superieurs ont toûjours rapellé ceux qui s'en écartoient, en faisant des Ordonnances, des Statuts, même en punissant & en excommuniant les Religieux qui amassoient de l'argent, & qui cherchoient à posseder des Benefices *contra paupertatis suæ votum, Ordinis nostri statuta & definitiones.* (1)

Tous ces differens Moyens ont été établis solidement, ce seroit perdre du tems de les reprendre icy ; ce seroit même se méfier de l'exactitude & de l'attention du Conseil dans une affaire dont la décision est fondée sur le grand principe QU'ON NE PRESCRIT POINT CONTRE SON ETAT, principe dont les conséquences sont infinies, principe le plus prétieux & le plus cher à un Etat bien policé.

Ecartons donc de la contestation tous ces titres sur lesquels F. Le Cœur prétend authoriser l'abus & le déreglement qui ont infecté peu à peu le Couvent de Paris ; tous ces titres sont de tristes monumens de la prévarication de ceux qui en ont profité, & du mépris qu'ils ont fait de leurs constitutions, des statuts, decrets & ordonnances de leurs premiers Peres ; du moins, pour adoucir les termes, regardons l'Arrest de 1600. en faveur de Louis Petit comme la source de l'erreur dans laquelle le mauvais exemple a jetté dans les derniers tems la plus grande partie des Religieux de Sainte Croix peu instruits de la nature de leur Ordre, ou plutôt, point du tout.

Ecartons encore les froides réflexions que F. Le Cœur a faites sur les austeritez de plusieurs anciennes Maisons de Chanoines Reguliers ; nous n'avons point prétendu opposer les austeritez & les exercices d'une vie mortifiée comme un moien exclusif de la qualité de Chanoine Regulier, ce seroit dégrader l'état même des Chanoines Reguliers qui sont obligez plus que personne de donner aux Chrêtiens l'exemple de la vie pénitente prescrite en géneral à tous les Fidéles ; mais nous avons parlé de la retraite de Theodore de Celles après avoir renoncé à son Canonicat, à tous ses biens, aux fonctions même en général de la Clericature à l'exemple de Saint Dominique, pour justifier l'intention de ce saint Fondateur ; & si nous avons fait mention des austeritez & exercices propres à l'Ordre de Sainte Croix, renouvellées en tant d'occasions, & dont on doit avertir les Novices en leur donnant l'habit & en les recevant à Profession, suivant la formule que nous en avons extraite du Bullaire manuscrit de Sainte Croix (2) ; ce n'est pas que ces austeritez en elles-mêmes soient absolument incompatibles avec le zele d'un Chanoine Regulier ; mais en les raprochant de l'esprit du Fondateur, & relativement à sa retraite, à l'abdication qu'il fit de son Canonicat, de toutes les fonctions Ecclesiastiques, & de tous ses biens pour ne vivre que d'aumônes & de charitez ; relativement à la conformité que lui de son vivant & ses Disciples ont toujours euë avec l'Ordre de saint Dominique ; en un mot relativement à l'Approbation de l'Ordre de Sainte Croix avec les Constitutions des Freres Prêcheurs, elles servent à former ce corps de preuves qui caracterise d'une maniere si sensible l'Ordre de Sainte Croix quand on ne veut point perdre de vuë son origine, c'est-à-dire, les circonstances dans lesquelles Theodore de Celles l'a institué, & celles dans lesquelles Innocent IV. l'a approuvé par la Bulle de 1248.

(1) *Voyez la II. Proposition du premier Memoire, pages 11, 12, 13. Et la IV. Proposition concernant le Fait de 1641. Voyez encore les pieces imprimées, page 43.*

(2) *Pages 17, 18 & 42 du premier Memoire.*

C'eſt à cette Bulle que le Conſeil aura ſans doute la bonté de s'arrêter comme au point fixe de ſa déciſion. De ce point de vuë l'on reconnoît, d'un côté la ſplendeur de l'Ordre de Sainte Croix tant que cet Ordre a conſervé la conformité qu'il a avec l'Ordre de S. Dominique, & de l'autre ſa décadence à meſure que quelques Religieux ont voulu s'en écarter en abuſant du privilege que l'Ordre obtint en 1318 & 1487, de prêcher, de confeſſer, d'enterrer les morts dans leurs Cimetieres, & de deſſervir les Cures *unies aux Maiſons de leur Ordre* (1) : Inutilement les bons Religieux ont-ils reclamé contre la poſſeſſion abuſive des Benefices, en vain ont-ils dans le cours des viſites & dans toutes les occaſions, oppoſé les Conſtitutions de l'Ordre aux entrepriſes de ceux qui vouloient abuſer du privilege, ces bons Religieux ſont morts & ceux même qui formoient l'abus ont pris leur place ; doit on s'étonner de voir aujourd'hui dans Paris cet Ordre ſi different de lui-même, ſur tout depuis le 17. ſiecle ?

(1) Pages 11 & 12 *du premier Memoire.*

Mais encore une fois le Conſeil ne doit pas ſe déterminer par l'état où ſont aujourd'hui les Religieux de Sainte Croix, mais par celui où ils doivent être, par celui que leur preſcrit la Bulle de 1248, par celui qu'ils reclamerent eux-mêmes avec tant d'ardeur en 1641 lorſqu'il fut queſtion de ſçavoir ſi des Chanoines Reguliers pouvoient les réformer, par conſequent s'ils étoient eux-mêmes Chanoines Reguliers.

Monſieur MANGOT *Rapporteur.*

Me. SORHOUET, Avocat.

BRUNET. MARE'CHAL, Proc.

De l'Imprimerie de la veuve d'Antoine Lambin.
1714.

Le 3me Memoire
non comme Recapitulation

www.ingramcontent.com/pod-product-compliance
Lightning Source LLC
LaVergne TN
LVHW050516160826
845677LV00003B/1173

9782329632377